# Texte schreiben
## *Schulausgangsschrift*

**Erarbeitet von**

Heike Baligand

Angelika Föhl

Tanja Holtz

Nadine Pistor

in Zusammenarbeit mit der
Westermann-Grundschulredaktion


**Unter Beratung von**

Nadin Haida-Herklotz

Jutta Ibach

Miriam Jacobs

Katharina Jorga

Insa Scheller

Christina von Weyhe

Prof. Dr. Anja Wildemann


**Illustriert von**

Gabie Hilgert und Karoline Kehr

# Flex und Flora
## Deutsch

**2**

# Inhaltsverzeichnis

T5

# Gut starten

**1** Schreibe deinen Namen bunt, klein, groß, ...

**2** Schreibe.

So heißt meine Schule:

Das mache ich gern in der Schule:

So heißt meine Klasse:

So heißen Kinder in meiner Klasse:

Die Kinder in meiner Klasse sprechen diese Sprachen:

So sind die Kinder in meiner Klasse:

*neß*

Fragen zur eigenen Person beantworten

 **3** Sprich mit einem Partnerkind.
Was passiert auf dem Bild?

Unterschrift Partnerkind

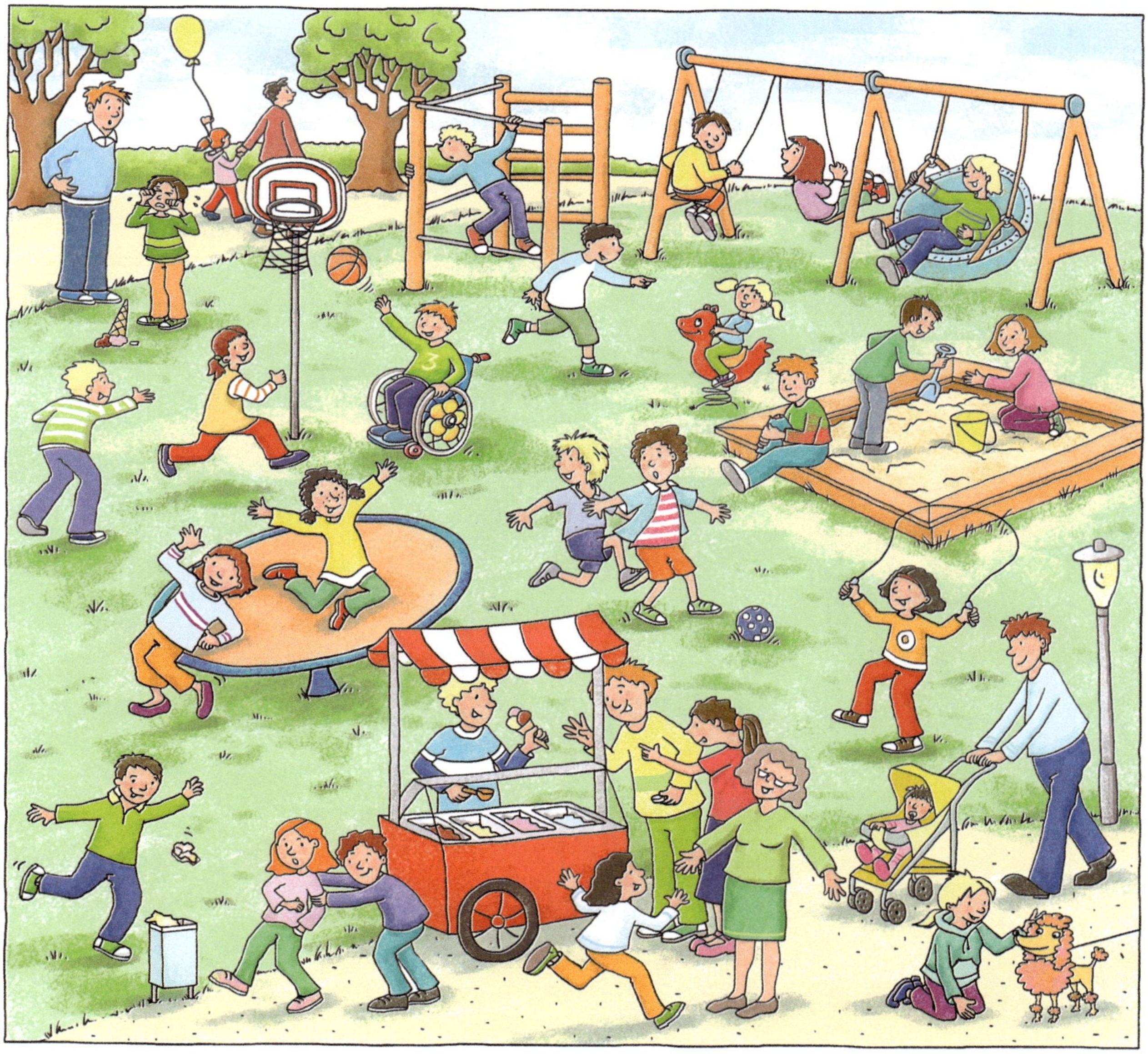

 **4** Schreibe Wörter oder Sätze zum Bild.

# Gedichte schreiben

**Akrostichon**

**F**RECH
**L**USTIG
**O**FFEN
**R**UND
**A**LBERN

A

**Bildgedicht**

Blume · Blume
Blume Blume
Blume Blume Blume Blume
Blume Flora Blume
Blume Blume Blume Blume
Blume Blume
Blume · Blume

B

**Treppengedicht** C
Flora
Flora mag
Flora mag gern
Flora mag gern Blumen.

Ich habe Gedichte geschrieben.

Das mache ich auch!

**1** Sprich mit einem Partnerkind.
Wie hat Flora die Gedichte geschrieben?

_____
Unterschrift Partnerkind

**2** Welche Erklärung gehört zu welchem Gedicht?
Schreibe den richtigen Buchstaben zur Erklärung.

◯ Ich habe meinen Namen geschrieben. Dann habe ich
in jeder Zeile immer ein Wort mehr dazu geschrieben.
Die letzte Zeile ist ein Satz. Es sieht aus wie eine **Treppe**.

◯ Ich habe meinen **Namen von oben nach unten** geschrieben.
Zu jedem Buchstaben habe ich dann ein Wort gesucht,
das mit diesem Buchstaben anfängt und zu mir passt.

◯ Ich habe ein **Bild mit Wörtern** gestaltet.
Darin habe ich ein anderes Wort versteckt.

Gedichte lesen
Gedichte ihrem Bauplan zuordnen

# Ein Treppengedicht schreiben

**1** Was magst du besonders gern? Schreibe.

Spiele,
Witze,
…

**2** Wähle eine Idee von Aufgabe 1 aus.
Schreibe ein Treppengedicht über dich.

**3** Schreibe ein Treppengedicht über eine Freundin oder einen Freund.

**4** Schreibe das Treppengedicht auf ein Schmuckblatt.
Verschenke dein Gedicht.
Ideen dafür findest du auf Seite 62.

# Ein Akrostichon schreiben

**1** Lies die Gedichte von Mina und Tobias.

**M**ALEN
**I**GEL
**N**ASCHEN
**A**NANAS

**T**AUCHEN
**O**RANGEN
**B**ÜCHER
**I**NLINER
**A**FFEN
**S**ONNE

**2** Schreibe deinen Namen von oben nach unten.
Suche zu jedem Buchstaben ein Wort, das zu dir passt.

**3** Schreibe dein Akrostichon auf ein Schmuckblatt.
Stelle es in der Klasse aus.

 **4** Schreibe ein Akrostichon über jemanden, den du magst.

 **5** Lies dein Gedicht der Person vor, für die du es geschrieben hast.
Welche Wörter haben der Person besonders gefallen?
Kennzeichne sie mit einem Smiley ☺.

**6** Verschenke dein Gedicht.
Ideen dafür findest du auf Seite 62.

 **7** Sprich mit einem Partnerkind.
Worin unterscheiden sich diese Gedichte?

_____
Unterschrift Partnerkind

```
M E L O N E N
E R D B E E R E N
P F I R S I C H E
Z I T R O N E N
```

```
O R A N G E N
B I R N E N
S A U E R K I R S C H E N
T R A U B E N
```

Ein Akrostichon schreiben
Ein Akrostichon veröffentlichen
Bauarten eines Akrostichons vergleichen

KV 85
Fö 117/Fo 48, 49
HR

57   9

# Ein Bildgedicht untersuchen ...

**1** Schau dir das Bildgedicht genau an.

**2** Finde das versteckte Wort. Markiere es.

**3** Welches Wort würdest du im Bild verstecken?

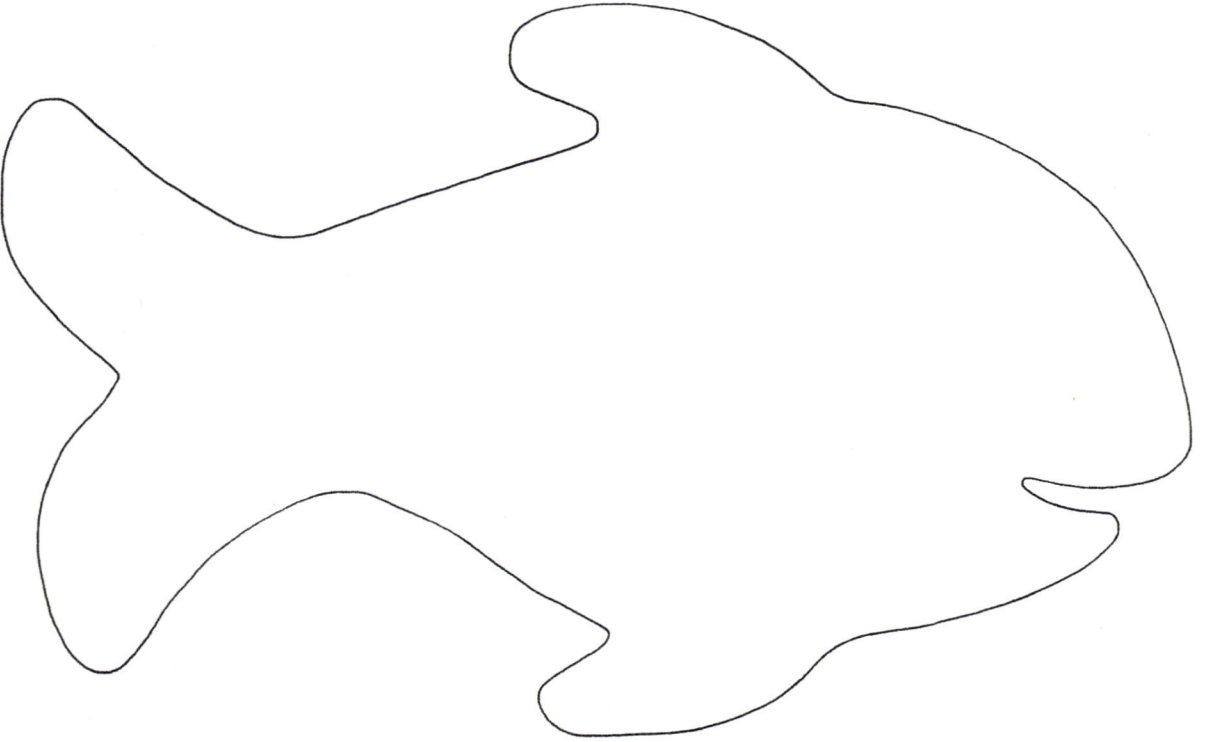

Baum
BaumBaumBaum
BaumBaumBaumBaum
BaumBaumBaumBaumBaum
BaumBaumBaumBaumBaumBaum
BaumBaumBaumBaumNestBaumBaum
BaumBaumBaumBaumBaumBaum
BaumBaumBaumBaumBaum
BaumBaumBaumBaum
BaumBaumBaum
Baum
Baum
Baum
Baum
Baum
Baum
Baum
Baum
Baum

Vogel

**4** Gestalte ein Bildgedicht mit dem Wort **Fisch**. Verstecke darin ein Wort.

Ein Bildgedicht verstehen
Ein Bildgedicht gestalten

 **5** Gestalte ein Bildgedicht mit dem Wort **Sack** oder dem Wort **Burg**.
Verstecke darin ein Wort.

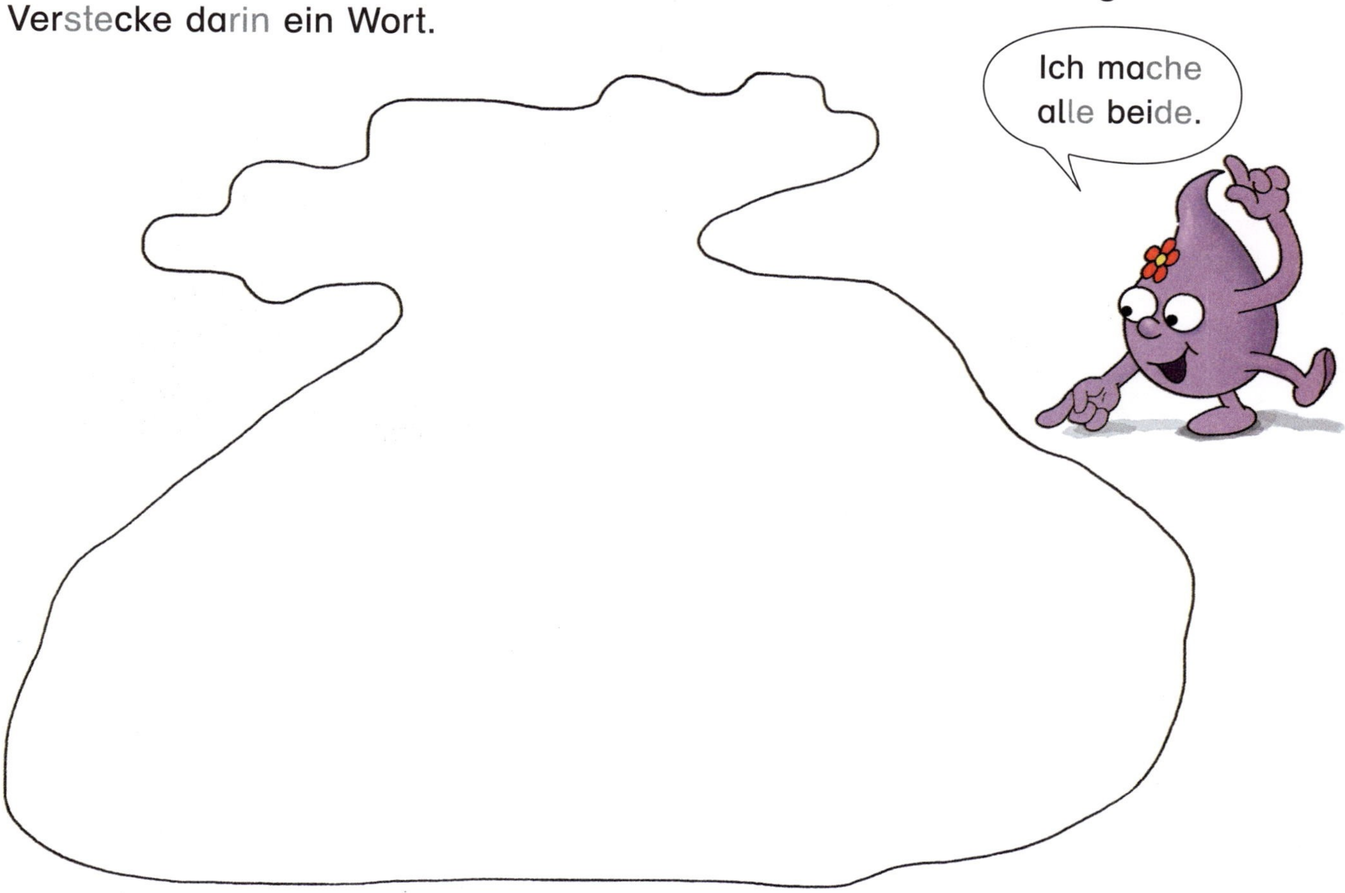

Ich mache alle beide.

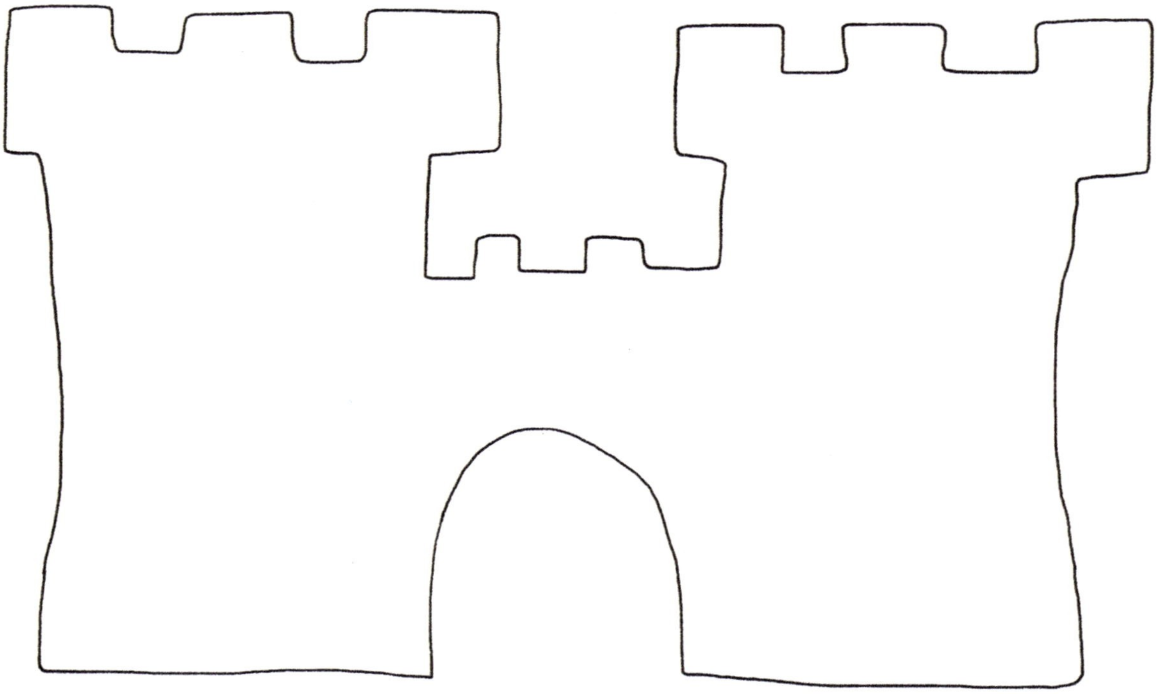

 **6** Suche dir ein Partnerkind.
Lass es dein verstecktes Wort finden.

_____
Unterschrift Partnerkind

# Listen schreiben

**1** Sprich mit einem Partnerkind.
Wozu brauchen Flex und Flora Listen?

_____
Unterschrift Partnerkind

> Du schreibst **Listen**, um nichts zu vergessen.
> Damit die Liste leicht zu lesen ist,
> schreibst du die **Stichwörter untereinander**.

**2** Schreibe eine Liste für deinen Geburtstag.
Was möchtest du mit deinen Gästen machen?

**Spieleliste**

· *Topfschlagen*

**3** Wann schreibt man Listen? Schreibe ins Heft.

# Eine Einkaufsliste schreiben

 **1** Lies die Zutatenliste.

**Waffeln**

- 125 g Butter
- 50 g Zucker
- 1 Prise Salz
- Vanillezucker
- 4 Eier
- 250 g Mehl
- 1 TL Backpulver
- 250 ml Buttermilch

Mehl, Salz und Backpulver haben wir!

 **2** Welche Zutaten hat Flex schon? Markiere die Wörter in Aufgabe 1.

 **3** Was fehlt? Schreibe eine Einkaufsliste.

**Einkaufsliste**

- *Butter*
- 
- 
- 
- 

 **4** Was kannst du zu Waffeln essen? Schreibe eine Liste.

- 
- 
- 

Ich mag Waffeln mit Erdbeeren. Lecker!

# Eine Wunschliste schreiben

 **1** Zu welchem Kind gehört der Wunschzettel? Schreibe den Namen.

**Wunschzettel**

von _____

★ Springseil

★ Teddybär

★ Buntstifte

★ Helm

**2** Schreibe deinen Wunschzettel.

**Mein Wunschzettel**

★ _____

★ _____

★ _____

★ _____

 **3** Markiere deinen größten Wunsch in Aufgabe 2.
Warum ist das dein größter Wunsch? Begründe.

*Mein größter Wunsch ist _____ ,*

*weil _____*

_____

Wunschlisten zuordnen
Wunschlisten schreiben
Eine eigene Wunschliste erstellen

Fö 120
HR

**1** Mateo fährt in den Ferien ans Meer, Anne will in den Bergen wandern.
Welche Dinge muss Mateo einpacken? Markiere.

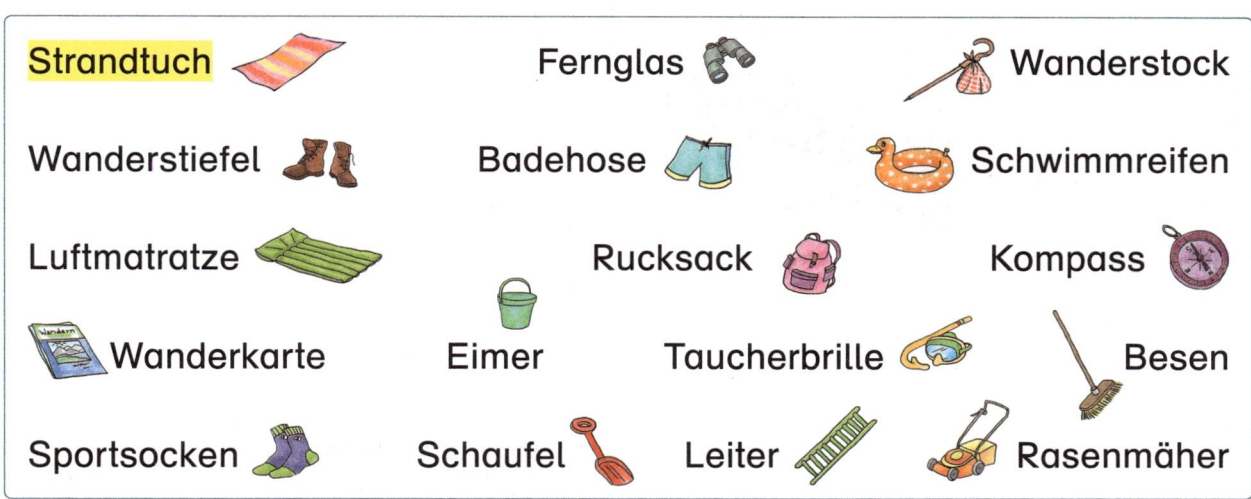

| Strandtuch | Fernglas | Wanderstock |
| --- | --- | --- |
| Wanderstiefel | Badehose | Schwimmreifen |
| Luftmatratze | Rucksack | Kompass |
| Wanderkarte | Eimer | Taucherbrille / Besen |
| Sportsocken | Schaufel | Leiter / Rasenmäher |

**2** Welche Dinge nehmen Mateo und Anne nicht mit? Streiche sie durch.

> Schreibe die Stichwörter einzeln untereinander.

**3** Schreibe für jedes Kind eine Packliste.

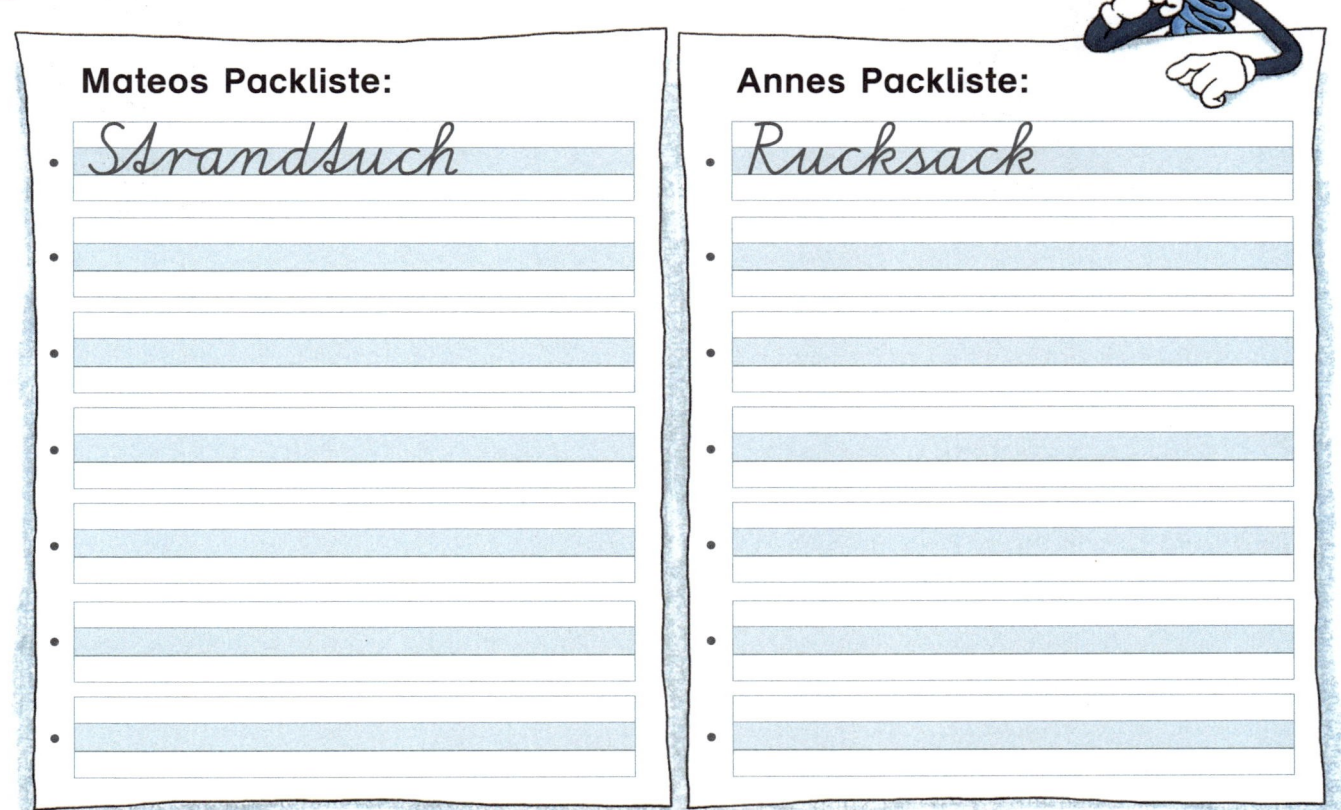

**Mateos Packliste:**
- *Strandtuch*
- 
- 
- 
- 
- 
- 

**Annes Packliste:**
- *Rucksack*
- 
- 
- 
- 
- 
- 

**4** Schreibe eine Packliste für deinen Traumurlaub ins Heft.

Gegenstände für Packlisten richtig zuordnen
Packlisten schreiben
Eine eigene Packliste erstellen

KV 87
Fö 121 / Fo 50
HR

58

15

# Steckbriefe schreiben

## Der Clownfisch (A)

Der Clown-
fisch lebt in
Korallenriffen
im Indischen
Ozean und
im Pazifik.

Clownfisch und Doktorfisch

Er ernährt sich von Plankton
und verschiedenen Algen.
Er wird 5 bis 10 Zentimeter groß.
Der Clownfisch ist leuchtend
orange und hat breite weiße
Streifen. Er lebt immer in der
Nähe von See-Anemonen.

## Steckbrief (B)

**Name:** Clownfisch
**Lebensraum:** Korallenriffe
**Nahrung:** Algen, Plankton
**Größe:** 5–10 cm
**Farbe:** orange, weiß,
schwarz
**Besonderheit:** lebt bei
See-Anemonen

*Was frisst ein Clownfisch?*

*Das sehe ich auf einen Blick!*

**1** Sprich mit einem Partnerkind.
Warum findet Flex die Antwort so schnell?

Unterschrift Partnerkind

In einem **Steckbrief** beschreibst du mit **Stichwörtern**
die wichtigsten Merkmale einer Person, eines Tieres oder eines Gegenstandes.
Die **Oberbegriffe** des Steckbriefes schreibst du untereinander.
Oberbegriffe in einem Steckbrief sind zum Beispiel
Name, Lebensraum, Nahrung, …

**2** Markiere im Steckbrief vom Clownfisch die 6 Oberbegriffe.

Einen Steckbrief kennenlernen
Einen Steckbrief mit einer Beschreibung vergleichen
Oberbegriffe in einem Steckbrief markieren

# Einen Steckbrief über Tiere schreiben

 **1** Lies den Text über die Schildkröte.

**Die Schildkröte**

Die Schildkröte lebt in warmen Ländern

rund um das Mittelmeer.

Sie ernährt sich von Blättern,

Blüten und Früchten.

Die Schildkröte kann bis zu

20 Zentimeter groß werden.

Besonders auffällig ist das dunkle

Fleckenmuster auf dem Panzer.

*Lebensraum*

**2** Schreibe die Oberbegriffe auf die Linien in Aufgabe 1.

| Nahrung | Lebensraum | Besonderheit | Größe |
|---|---|---|---|

**3** Schreibe die passenden Stichwörter in den Steckbrief.

**Steckbrief**

Name:

Lebensraum:

Nahrung:

Größe:

Besonderheit:

# Einen Steckbrief über Personen schreiben

 **1** Lies den Text über Emre.

**Emre**

Ich heiße Emre.

Meine Augen sind braun

und meine Haare

sind kurz und schwarz.

Ich habe eine Narbe an der Stirn.

Am liebsten esse ich Pizza mit viel Käse.

Meine Lieblingskleidung sind Jeans

und Turnschuhe.

Ich spreche Deutsch und Türkisch.

**2** Fülle den Steckbrief für Emre aus.
Verwende die Informationen aus dem Text von Aufgabe 1.

Name: *Emre*

Augenfarbe:

Haarfarbe:

Besondere Merkmale:

Lieblingsessen:

Lieblingskleidung:

Sprachen:

 **3** Sprich mit einem Partnerkind.
Wo findest du Steckbriefe?

_____
Unterschrift Partnerkind

**18**

**1** Wähle Oberbegriffe für deinen Steckbrief aus.
Markiere sie. Du kannst auch Oberbegriffe ergänzen.

| | | | | |
|---|---|---|---|---|
| Haarfarbe | Hobbys | ~~Name~~ | Augenfarbe | Geburtstag |
| Das mag ich | Das sammle ich | | Das ist blöd | Das ist cool |
| Lieblingsessen | Lieblings | | | |

**2** Schreibe und gestalte einen Steckbrief über dich.

*Name:*

**3** Suche dir ein Partnerkind.
Stelle deinen Steckbrief vor.

_____
Unterschrift Partnerkind

T1

# Anleitungen und Rezepte schreiben

## Zauberkreide

### Materialliste:

- bunte Kreide
- Wasser
- 3 Stücke Würfelzucker
- Glas, Teelöffel

### Arbeitsschritte:

Zuerst fülle ich ein Glas zur Hälfte mit Wasser. Dann gebe ich die Zuckerstücke in das Wasser. Danach rühre ich um, bis sich der Zucker auflöst. Zum Schluss weiche ich jede Kreide einzeln 10 Minuten im Zuckerwasser ein.

Wie hast du die Zauberkreide gemacht?

 **1** Sprich mit einem Partnerkind.
Wie hat Flex die Zauberkreide hergestellt?

_____
Unterschrift Partnerkind

Eine **Anleitung** besteht aus einer **Überschrift**, der **Materialliste** und den **Arbeitsschritten**.
Die Arbeitsschritte beschreibst du genau und in der richtigen Reihenfolge.

 **2** Unterstreiche in der Anleitung für die Zauberkreide
die Überschrift **rot**,
die Materialliste **gelb** und
die Arbeitsschritte **blau**.

 **3** Markiere die Satzanfänge in der Anleitung.

Teile einer Anleitung erkennen
Erkennen, dass Satzanfänge eine Reihenfolge vorgeben                    HR

 **4** Schreibe die passenden Sätze zu den Bildern.

 **5** Lies die Liste mit den Zutaten. Schau die Bilder an.

**Kakao**

Zutaten:

- Milch
- 2 Teelöffel Kakao-
  pulver

Zubereitung:

 **6** Schreibe das Rezept ins Heft.
*Zuerst fülle ich ...*

Beim Kochen und Backen heißen die Anleitungen **Rezepte**.
Du schreibst dafür zuerst die **Zutaten** auf.
Die **Zubereitung** beschreibst du genau Schritt für Schritt.

# Eine Bastelanleitung schreiben

 **1** Schau die Bilder an und lies die Sätze.

 **2** Verbinde die Bilder mit den passenden Arbeitsschritten.

### Taschentuch-Gespenst

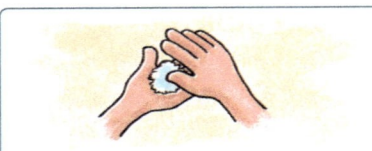

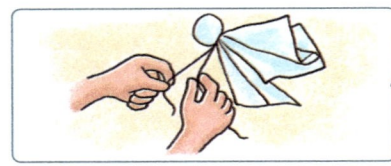

Dann forme ich eine Kugel aus ==Watte==.

Zum Schluss male ich mit einem Stift dem Gespenst Augen.

Zuerst falte ich ein Taschentuch auseinander.

Danach umhülle ich die Wattekugel mit dem Taschentuch.

Nun lege ich den Faden um den Kopf und mache einen Knoten.

 **3** Markiere die Materialien in Aufgabe 2.

 **4** Schreibe die Materialliste.

Materialliste:

• Watte

 **5** Kreise die Satzanfänge

für den Anfang einer Anleitung **rot**,

für die Mitte einer Anleitung **blau**,

für den letzten Satz einer Anleitung **gelb** ein.

Die Satzanfänge geben die Reihenfolge vor.

| | | |
|---|---|---|
| (Dann …) | Zuletzt … | Zum Schluss … |
| Am Anfang … | Danach … | Zuerst … |
| Jetzt … | Am Ende … | Anschließend … |

 **6** Schreibe die Bastelanleitung.

**Arbeitsschritte:**

 **7** Markiere die Satzanfänge in der Bastelanleitung.

**8** Du kannst für diese Bastelanleitung einen Erklärfilm erstellen.
Wie bastelt man das Gespenst? Zeige und erkläre es Schritt für Schritt.

# Ein Rezept schreiben

 **1** Lies das Rezept.

**Lustige Gemüsegesichter**

- Frischkäse und Quark verrühren
- Kräuter waschen: Schnittlauch, Petersilie, …
- Gemüse waschen und schneiden:
  Tomaten, Gurken, Radieschen, Paprika, …
- Brotscheibe bestreichen und dekorieren

 **2** Wie soll dein Gemüsegesicht aussehen? Male.
Schreibe die Zutatenliste.

Zutaten:

 **3** Wie bereitest du dein Gemüsegesicht zu? Schreibe.
Verwende Satzanfänge von Seite 23.

Zubereitung:

Ein Rezept mit eigenen Ideen ergänzen
Ein Rezept geordnet schreiben

 **1** Lies das Rezept.

**Party-Saft mit Zuckerrand**

<u>Zutaten:</u> Apfelsaft, Mineralwasser,
Saft von 1 Zitrone, 2 Esslöffel Zucker

<u>Zubereitung:</u>

Ich fülle etwas Apfelsaft in ein Glas.
Dann gieße ich Mineralwasser dazu.
Den Rand des Glases tauche ich
in ein Schälchen mit Zitronensaft.
Danach drücke ich den Glasrand
in ein Schälchen mit Zucker.
Zum Schluss gebe ich einen Spritzer
Zitronensaft in das Getränk.

So klappt das nicht!

**2** Was wurde in dem Rezept beachtet?
Kreuze an.

| | | |
|---|---|---|
| Es gibt eine Überschrift. | ☐ ja | ☐ nein |
| Die Zutatenliste ist übersichtlich gegliedert. | ☐ ja | ☐ nein |
| Die Zubereitung wird genau beschrieben. | ☐ ja | ☐ nein |
| Alle Arbeitsschritte sind in der richtigen Reihenfolge. | ☐ ja | ☐ nein |

**3** Überarbeite das Rezept. Schreibe es ins Heft.

 **4** Überlege dir ein neues Party-Getränk. Male es.
Schreibe die Zutatenliste. Schreibe das Rezept ins Heft.

<u>Zutaten:</u>

Schreibkriterien für ein Rezept prüfen
Ein Rezept überarbeiten
Ein eigenes Rezept schreiben

KV 93

61

25

# An andere schreiben

 **1** Sprich mit einem Partnerkind.
Wann schreibt man eine Postkarte?
Warum kommt Floras Postkarte nicht an?

_____
Unterschrift Partnerkind

**2** Markiere in der Klassenliste Theos Namen und seine Adresse.

| Nachname | Vorname | Straße | Hausnummer | Postleitzahl | Ort |
|----------|---------|--------|------------|--------------|-----|
| Albers | Azra | Dorfgasse | 12 | 47333 | Bergdorf |
| Andrack | Peer | Am Feld | 7a | 47332 | Talstadt |
| Bauer | Theo | Mäuseweg | 45 | 47332 | Talstadt |
| Dreier | Dana | Burgstraße | 34 | 47333 | Bergdorf |
| Engbrecht | Pia | Katzengasse | 1 | 47332 | Talstadt |
| Güler | Efe | Feldstraße | 27 | 47332 | Talstadt |

**3** Schreibe Theos Adresse.

Vorname Nachname:

Straße Hausnummer:

Postleitzahl Ort:

Die Bedeutung einer Adresse verstehen
Eine Adresse in einer Liste finden und markieren
Eine Adresse richtig schreiben

 **4** Schreibe deine eigene Adresse.

_____

Vorname                    Name

_____

Straße                     Hausnummer

_____

Postleitzahl               Ort

Wenn du jemandem schreibst, bist du der **Absender**.
Wenn du Post bekommst, bist du der **Empfänger**.
Eine **Adresse** schreibst du immer so:

| Vorname Nachname | Theo Bauer |
|---|---|
| Straße Hausnummer | Mäuseweg 45 |
| Postleitzahl Ort | 47332 Talstadt |

 **5** Kreise
**rot** ein, womit du einen Text an andere beginnst,
**blau**, womit du einen Text an andere beendest.

| Hallo Bilal, | Bis bald Silas | Lieber Oscar, | Alles Liebe Opa |
|---|---|---|---|
| Liebe Maya, | Viele Grüße Leonie | Hi Emma, | Ciao Lenny |

Wenn du an andere schreibst, kannst du gratulieren, etwas erzählen, …
Du beginnst mit der **Anrede**.
Nach der Anrede steht immer ein **Komma**.

Du endest mit **Grüßen** und deiner **Unterschrift**.

Liebe Maya,
wie geht es dir?
Bis bald
Silas

Die eigene Adresse schreiben
Anreden und Grußformeln für eine Postkarte unterscheiden
Fachbegriffe im Kontext von Postkarten kennenlernen

KV 94
Fö 126/Fo 53
HR

**27**

# Postkarten schreiben ...

 **1** Lies die Postkarte.

Anrede mit Komma

*Lieber Timo,*
*herzlichen*
*Glückwunsch*
*zu deinem Geburtstag.*
*Ich wünsche dir einen*
*ganz tollen Tag.*

Grüße — *Viele Grüße*

Unterschrift — *Samira*

Briefmarke

*Timo Maier*
*Karlsweg 4*
*65348 Stadtberg*

Vorname Name

Straße Hausnummer

Postleitzahl Ort

**2** Erkläre einem Partnerkind die Fachbegriffe von Aufgabe 1.
Zeige sie auf der Postkarte von Samira.

_____
Unterschrift Partnerkind

*Die Anrede ist **Lieber Timo**.*
*Nach der Anrede steht ein Komma.*

**3** Timo möchte Samira eine Postkarte schreiben.
Wähle eine Karte aus. Kreuze an.

**4** Schreibe den Namen und die Adresse von Samira richtig auf die
Postkarte von Aufgabe 5.

Wie ist Samiras Nachname? Wo wohnt sie?

Samiras Nachname ist Özden. Sie wohnt in der Birkenallee 27 in Talstadt. Die Postleitzahl von Talstadt ist 47332.

**28**

Fachwörter für Postkarten anwenden
Eine Postkarte für einen Schreibanlass auswählen
Teile einer Adresse erkennen

KV 95, 96
Fö 126

**5** Schreibe eine Postkarte von Timo an Samira.
Denke an die Anrede und die Grüße.

**6** Lies die Postkarte von Anisa.
Was hat sie richtig gemacht? Kreuze an.

Anrede ☐
mit Komma ☐

Liebe Pia
ich wünsche dir
gute Besserung.
In der Pause ist es
nicht so schön
ohne dich.

Grüße ☐

Unterschrift ☐

Anisa

Briefmarke ☐

Pia Engbrecht
Katzengasse
Talstadt

Vorname ☐  Name ☐
Straße ☐  Hausnummer ☐
Postleitzahl ☐  Ort ☐

**7** Was hat Anisa auf der Postkarte vergessen? Ergänze.
Pias Adresse findest du in der Klassenliste auf Seite 26.

# Einen Brief schreiben

**1** Kreise auf dem Briefumschlag
den Absender grün ein
und den Empfänger blau ein.

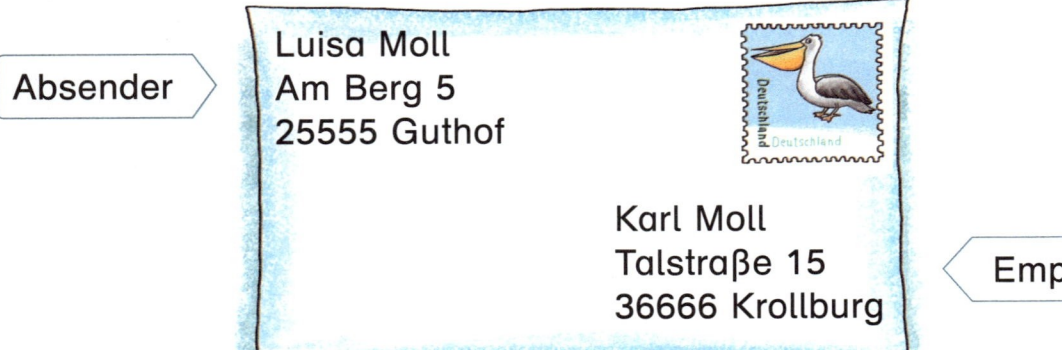

Absender

Luisa Moll
Am Berg 5
25555 Guthof

Karl Moll
Talstraße 15
36666 Krollburg

Empfänger

**2** Beschrifte einen Briefumschlag.

Der Absender des Briefes ist Peer Andrack.
Seine Adresse findest du in der Klassenliste auf Seite 26.
Opa ist der Empfänger. Er heißt Paul Kulp
und wohnt im Urweg 58 in 65348 Stadtberg.

**3** Beschrifte die Pfeile in Peers Brief.

Ort, Datum        Anrede mit Komma        Grüße        Unterschrift

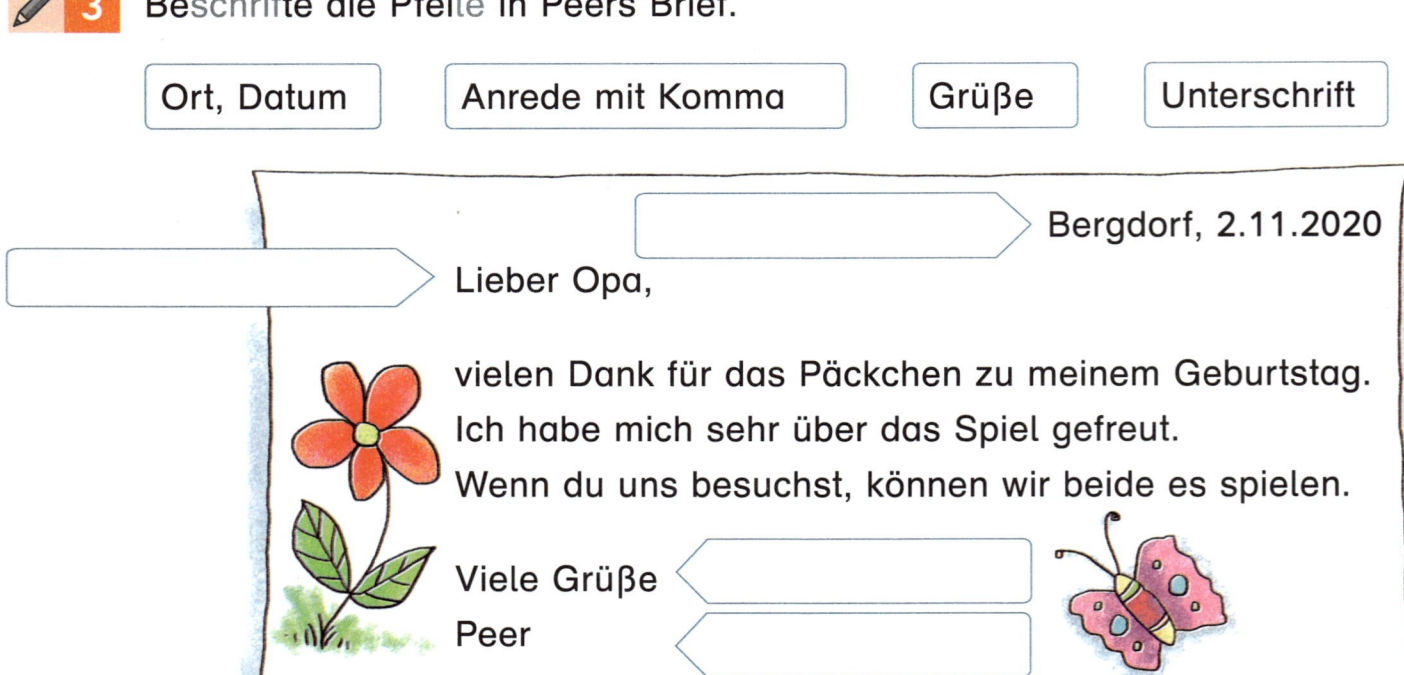

Bergdorf, 2.11.2020

Lieber Opa,

vielen Dank für das Päckchen zu meinem Geburtstag.
Ich habe mich sehr über das Spiel gefreut.
Wenn du uns besuchst, können wir beide es spielen.

Viele Grüße
Peer

Fachwörter für einen Briefumschlag verstehen
Einen Briefumschlag richtig beschriften
Fachbegriffe für Briefe zuordnen

**4** An wen möchtest du einen Brief schreiben?
Schreibe den Namen der Person auf.

**5** Kreuze eine Idee für deinen eigenen Brief an.
Du kannst auch eine eigene Idee aufschreiben.

☐ Ich bedanke mich für etwas.      ☐ Ich wünsche gute Besserung.

☐ Ich schreibe etwas, das ich erlebt habe.      ☐ Ich gratuliere.

☐

**6** Wähle eine Anrede und Grüße für deinen Brief aus. Kreuze an.

☐ Liebe …,      ☐ Lieber …,      ☐ Hallo …,      ☐ Hi …,

☐ Liebe Grüße      ☐ Herzliche Grüße      ☐ Bis bald      ☐ Ciao

**7** Schreibe deinen Brief.

**8** Schreibe jemandem einen Brief und verschicke ihn.

# Den Überarbeitungskreis kennenlernen

**Gartenfest**
Heute feiern wir.
Viele Freunde sind da.
Das Fahrrad ist teuer.
Es gibt Würstchen.

**Picknick**
In der Schule war es
toll. Wir hatten Sport
auf dem Sportplatz.

**Lesen und verstehen**
• Passen alle Sätze
zum Thema?

**Textaufbau untersuchen**
• Passt die Überschrift?
• Stimmt die Reihenfolge?

**Richtig schreiben**
• Sind die Satzanfänge
großgeschrieben?
• Endet jeder Satz mit
einem Satzzeichen?

**Sprache überprüfen**
• Sind die Satzanfänge
unterschiedlich?

**Lieblingsessen**
Ich esse gern Nudeln.
mit Butter mag ich sie
am liebsten

**Besuch**
Dann kommt Oma.
Dann essen wir.
Dann spielen wir.

Beim Text **Gartenfest** passt ein Satz nicht. Den streiche ich durch.

Beim Text **Picknick** muss ich auch etwas überarbeiten.

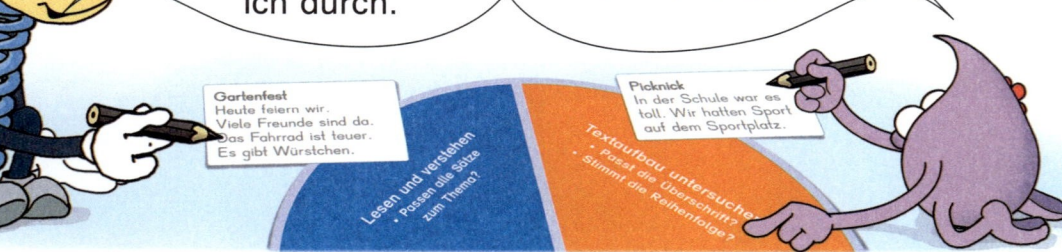

1. **Sprich mit einem Partnerkind.**
Wie können Flex und Flora den
Überarbeitungskreis für die Texte nutzen?

Unterschrift Partnerkind

 **2** Lies die Texte.
Überarbeite sie mit dem Überarbeitungskreis.
Schreibe die überarbeiteten Texte.

Danach fahren
wir los.
Zuerst holen wir
die Fahrräder.

 Stimmt die
Reihenfolge?

Im Zirkus ist
es lustig. über
die Clowns muss ich
sehr lachen.

Sind die
Satzanfänge groß-
geschrieben?

Wir sind im Zoo.
Oma liegt im
Krankenhaus.
Die Löwen werden
gerade gefüttert.

Passen alle
Sätze zum
Thema?

Dann spielen wir.
Dann grillen wir.
Dann essen wir Eis.

Sind die
Satzanfänge
unterschiedlich?

# Satzanfänge überarbeiten

 **1** Lies den Text.

**Auf dem Spielplatz**

Nils ist auf dem Spielplatz.

Sind die Satzanfänge unterschiedlich?

Immer **Da**. Das hört sich nicht gut an.

| *Zuerst* | Da schaukelt er. |
| | Da rutscht Nils einmal. |
| | Da ist ihm langweilig. |
| | Da kommt sein Freund Mika. |

 **2** Markiere die Satzanfänge in Aufgabe 1.

**3** Schreibe andere Satzanfänge vor die markierten Wörter.
Diese Wörter können dir helfen.

| Dann... | Nun ... | ~~Zuerst~~ ... | Danach ... | Später ... |

 **4** Schreibe den überarbeiteten Text.

**Auf dem Spielplatz**

Nils ist auf dem Spielplatz.

*Zuerst*

# Einen Text thematisch überarbeiten

**1** Lies den Text.

Gestern waren wir mit Frau Meisner
im Tropenhaus.
Dort war es feucht und warm wie im Urwald.
Vögel sind frei herumgeflogen.
Wir haben verschiedene Palmen gesehen.
Im Sommer waren wir am Meer.
Ich habe viel gebadet.

Passen alle Sätze zum Thema?

Was hat denn das Meer mit dem Tropenhaus zu tun?

**2** Welches Thema hat der Text? Kreuze an.

☐ Picknick im Wald    ☐ Ausflug ins Tropenhaus    ☐ Eine Wanderung

**3** Schreibe aus dem Text nur die Sätze ab, die zum Thema passen.

**4** Welche Sätze passen noch zum Thema?
Kreuze an.

☐ Mama hat gelesen.    ☐ In einem Teich waren Fische.
☐ Die vielen Blumen waren schön.    ☐ Am Strand war es richtig heiß.

Das Thema eines Textes erkennen
Einen Text thematisch überarbeiten
Einen Text thematisch sinnvoll fortsetzen

KV 99
Fö 130

64    35

# Überschrift und Reihenfolge überarbeiten

**1** Lies den Text.

Passt die Überschrift?

Heute hatten wir in der dritten Stunde Mathe.
Plötzlich klingelte es. Aber es klingelte nicht
wie zur Pause. Es hörte gar nicht mehr auf.
Feueralarm! Schnell gingen wir auf den Schulhof.
Zum Glück war es nur ein Probealarm.

**2** Wähle für den Text von Aufgabe 1 eine passende Überschrift aus.
Schreibe sie auf die rote Zeile über den Text.

Eine Sportstunde         Probealarm         Der Unfall

**3** Lies den Text.

Stimmt die Reihenfolge?

( ) Am Ende würzen wir die Suppe.

( ) Zuerst putzen wir das Gemüse.

(A) Heute kochen wir Gemüsesuppe.

( ) Danach schneiden wir das Gemüse in kleine Stücke.

( ) Dann kochen wir die Gemüsestücke in einer Brühe.

**4** Ordne die Sätze.
Schreibe die richtige Reihenfolge **A B C D E** in die Kreise
von Aufgabe 3.

**5** Schreibe eine passende Überschrift auf die rote Zeile.

**6** Schreibe den Text mit der Überschrift ins Heft.

65

Eine passende Überschrift auswählen
Einen Text in die richtige Reihenfolge bringen
Eine Überschrift finden

KV 100
Fö 131, 132/Fo 57

 **1** Lies den Text.

**Ein toller Tag im Zoo**

Gestern war ich mit meinen Eltern im Zoo.

*D* da gab es viele Tiere.

zuerst schauten wir uns die Affen an.

Danach waren wir am Löwengehege.

am Schluss gingen wir zum Kiosk.

Dort gab es für alle noch ein Eis.

> Sind alle Satzanfänge großgeschrieben?

> Endet jeder Satz mit einem Satzzeichen?

 **2** Markiere die Punkte am Satzende.

 **3** Überprüfe die Satzanfänge.
3 Satzanfänge sind kleingeschrieben. Verbessere sie.

 **4** Lies den Text.

**Verkleiden**

In unserem Keller gibt es die tollsten Sachen.

Dort liegen in einem Schrank alte Kleider,

Hüte, Tücher und Schuhe.

das ist cool!

wie soll ich mich heute verkleiden?

Ich könnte eine alte Hexe sein.

mir wird schon etwas einfallen.

 **5** Markiere die Satzzeichen . ? ! im Text.

 **6** Überprüfe die Satzanfänge.
3 Satzanfänge sind kleingeschrieben. Verbessere sie.

Punkte als Satzschlusszeichen erkennen
Großschreibung von Satzanfängen überprüfen
Die Großschreibung von Satzanfängen in einem Text überarbeiten

KV 101
Fö 133/Fo 58

T3

66

**37**

Datum: _____

Ich hatte ein tolles Erlebnis im Schwimmbad.

springen
Badetier
Angst
Schwimmbad
Opa
Handtuch
planschen
Sprungturm

Im Schwimmbad
Gestern war ich mir Opa
im Schwimmbad.
Zuerst wollte ich springen.
Aber ich hatte Angst.
Zum Schluss bin ich
doch gesprungen.

Das hört sich spannend an.

**1** Sprich mit einem Partnerkind.
Was habt ihr im Schwimmbad erlebt?

_____
Unterschrift Partnerkind

**2** Welche 4 Wörter aus dem Gedankenschwarm
hat Flex für seine Geschichte verwendet? Markiere.

**3** Was ist bei einer Erlebnisgeschichte wichtig? Kreuze an.

☐ Eine Erlebnisgeschichte hat eine Überschrift.

☐ Es gibt keine Überschrift.

☐ Die Satzanfänge sind unterschiedlich.

☐ Die Geschichte muss immer am Montag passiert sein.

☐ Jeder Satz beginnt mit dem gleichen Wort.

☐ Alle Sätze gehören zu einem Erlebnis.

> Eine **Erlebnisgeschichte** ist eine wahre Geschichte
> oder eine Geschichte, die so passiert sein kann.

Eine Erlebnisgeschichte kennenlernen
Den Gedankenschwarm als Planungsinstrument
für Schreibideen kennenlernen

 **4** Ergänze den Gedankenschwarm zum Thema **Schwimmbad**.

*Rutsche*

( **Schwimmbad** )

Ein **Gedankenschwarm** hilft dir, Ideen zu einem Thema zu sammeln.
Mit diesen Ideen kannst du dann eine Geschichte schreiben.

**5** Welche Ideen aus dem Gedankenschwarm
sollen in deiner Erlebnisgeschichte zum Thema **Schwimmbad**
vorkommen? Markiere.

**6** Schreibe eine Geschichte zum Thema **Schwimmbad**.
Der Gedankenschwarm und die Satzanfänge helfen dir.

| | |
|---|---|
| Gestern … | |
| Zuerst … | |
| Aber … | |
| Zum Schluss … | |

 **1** Wähle ein Thema aus und kreuze es an.
Du kannst dir auch selbst ein Thema ausdenken.

☐ Spielplatz          ☐ Geburtstag          ☐ Sport

☐ Haustier            ☐ _____

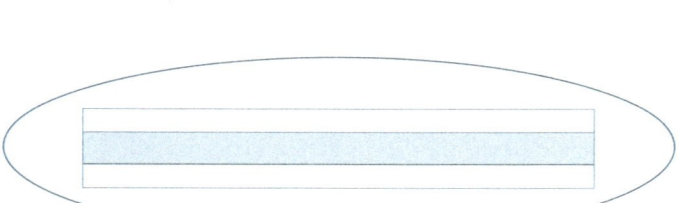 **2** Schreibe dein Thema in den Kreis.
Sammle Ideen für deine Geschichte
im Gedankenschwarm.

Diese Wörter können dir helfen.

Spaß     lachen
erschrocken
überrascht
verletzt     lustig
verstecken
Geräusche
?

 **3** Welche Ideen aus dem Gedankenschwarm
sollen in deiner Erlebnisgeschichte vorkommen? Markiere.

**40**

Sich für ein Thema entscheiden
Schreibideen in einem Gedankenschwarm sammeln
Schreibideen auswählen

 **4** Schreibe mit deinen Ideen von Aufgabe 2 eine Erlebnisgeschichte.
Die Satzanfänge können dir helfen.

| | |
|---|---|
| Letzte Woche ... | |
| Gestern ... | |
| Dort ... | |
| Dann ... | |
| Auf einmal ... | |
| Zum Schluss ... | |
| Endlich ... | |

 **5** Lies deine Geschichte mehrmals.
Schreibe eine Überschrift.

 **6** Lies deine Geschichte einem Partnerkind vor.
Welche Stelle hat ihm besonders gefallen?
Kennzeichne sie mit einem Smiley ☺.

_____
Unterschrift Partnerkind

**7** Wähle für deine Geschichte eine Form der Veröffentlichung von Seite 62.

Eine Erlebnisgeschichte mithilfe der eigenen Ideen aus dem
Gedankenschwarm und der vorgegebenen Satzanfänge schreiben
Einen Text einem Partnerkind vorlesen und Feedback einholen

KV 102, 103
Fö 134–136/Fo 59
HR

67    41

# Erlebnisgeschichten überarbeiten

Datum:_____

**1** Lies die Sätze.

**2** Welche Sätze passen zur Erlebnisgeschichte?
Kreuze an.

*Passen alle Sätze zum Thema?*

☒ In den Ferien war ich mit meinen Eltern am Meer.

☐ Onkel Toni fuhr immer mit dem Rad zur Arbeit.

☐ Jeden Tag gingen wir am Strand spazieren.

☐ Wir sammelten Muscheln und schöne Steine.

☐ Die Blumen vor dem Hotel durfte man nicht pflücken.

☐ Plötzlich spürte ich einen Schmerz im rechten Fuß.

☐ Ich war auf eine Muschel getreten.

☐ Zum Glück war der Schnitt nicht tief.

☐ Mama hatte oft ein blaues T-Shirt an.

**3** Wähle eine Überschrift für die Geschichte aus.
Du kannst dir auch eine eigene Überschrift überlegen.

*Passt die Überschrift?*

☐ Der Strandspaziergang          ☐ Die scharfe Muschel

☐ Ein spannender Abend          ☐ Die Überraschung

☐ 

**4** Warum hast du die Überschrift ausgewählt?
Erkläre es einem Partnerkind.

_____
Unterschrift Partnerkind

**5** Schreibe einen weiteren Satz für die Geschichte von Aufgabe 2.

Eine Erlebnisgeschichte auf inhaltliche Stimmigkeit überprüfen
Eine Überschrift auswählen und die Auswahl begründen
Einen passenden Satz zu einer Geschichte schreiben

 **6** Lies den Text.

**Unheimlich**

Gestern sollte ich Saft aus dem Keller holen.

Da machte ich Licht an und ging die Treppe hinunter.

Da hörte ich ein komisches Geräusch.

Da bekam ich große Angst.

Da lief ich schnell zurück in die Küche.

> Sind die Satzanfänge unterschiedlich?

 **7** Welche Satzanfänge möchtest du verändern? Markiere sie.

**8** Schreibe andere Satzanfänge vor die markierten Wörter.

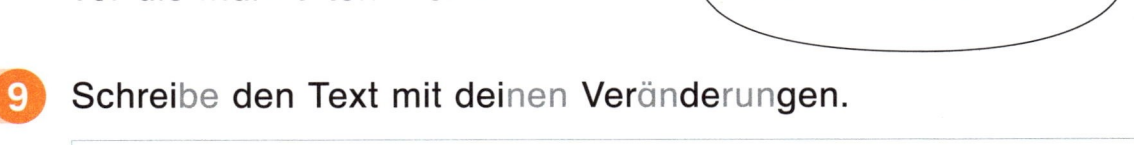

> Nun ... Jetzt ... Zuerst ...
> Sofort ... Dann ...
> Plötzlich ... Auf einmal ...

**9** Schreibe den Text mit deinen Veränderungen.

 **10** Lies deinen Text einem Partnerkind vor. Welcher Satzanfang gefällt ihm gut? Kennzeichne ihn mit einem Smiley ☺.

_____
Unterschrift Partnerkind

Wiederholungen bei Satzanfängen erkennen
Einen Text durch das Abwechseln von Satzanfängen überarbeiten
Einen Text einem Partnerkind vorlesen und Feedback einholen

KV 104
Fö 135, 136 / Fo 59
HR

T4

67

**43**

# 📧 E-Mails kennenlernen

Datum: _____

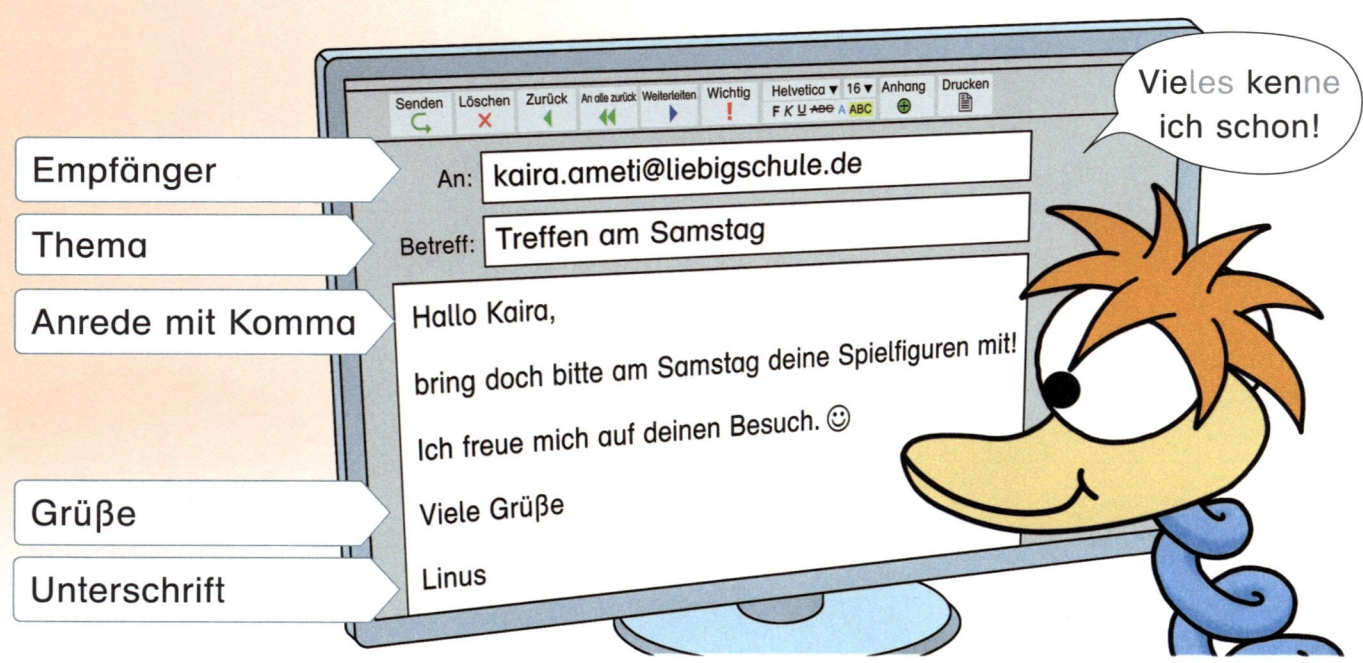

| | |
|---|---|
| Empfänger | An: kaira.ameti@liebigschule.de |
| Thema | Betreff: Treffen am Samstag |
| Anrede mit Komma | Hallo Kaira, |
| | bring doch bitte am Samstag deine Spielfiguren mit! |
| | Ich freue mich auf deinen Besuch. ☺ |
| Grüße | Viele Grüße |
| Unterschrift | Linus |

Vieles kenne ich schon!

---

**1** Sprich mit einem Partnerkind.
Woran erkennt ihr eine E-Mail?
Was wisst ihr über E-Mails?

_____
Unterschrift Partnerkind

---

Willst du eine **E-Mail** verschicken oder empfangen,
brauchst du eine **E-Mail-Adresse**.
Eine E-Mail-Adresse erkennst du am @-Zeichen.
Die Abkürzung **.de** steht für Deutschland.
andrea.klinge@garten.de          tombruns@regenbogenschule.de

---

**2** Spure das @-Zeichen nach.
Schreibe es mehrmals.

 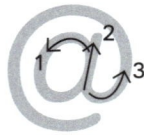    @ @ @

@ sprichst du Ätt aus.

---

**3** Erfinde eine E-Mail-Adresse für dich.

_____

Fachwörter im Kontext einer E-Mail kennenlernen
Eine eigene E-Mail-Adresse schreiben

 **4** Schreibe das passende Wort über die E-Mails.

Entschuldigung
Erinnerung
Glückwunsch

Betreff:_____

Liebe Frau Föhl,
herzlichen Glückwunsch zum Geburtstag.

Kemal

Betreff:_____

Hallo Oma,
bitte denk an meinen Fahrrad-
helm, wenn du heute kommst.
Den habe ich bei dir vergessen.

Liebe Grüße
Tilo

Betreff:_____

Sehr geehrte Frau Altmann,
Mara hat Fieber und kann heute
nicht zum Training kommen.

Mit freundlichen Grüßen
Britta Schneider

**5** Wann schreibst du eine E-Mail? Schreibe 3 Beispiele ins Heft.
*Ich schreibe eine E-Mail, wenn ich ...*

 **6** Schreibe einen Text für eine E-Mail.

*Betreff: Bitte nicht vergessen!*

# Eine E-Mail schreiben

**1** Was sagen die Kinder? Lies.

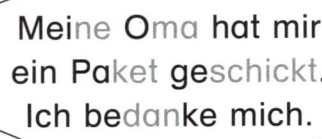

Meine Oma hat mir ein Paket geschickt. Ich bedanke mich.

Ich will im Zoo nachfragen, ob die Erdmännchen Nachwuchs haben.

Meine Tante hat ein Baby bekommen. Ich gratuliere ihr.

**2** Wähle eine Idee von Aufgabe 1 für eine E-Mail aus. Welches Thema passt dazu? Kreuze an.

☐ Bitte um Information ☐ Herzlichen Glückwunsch ☐ Dankeschön

**3** Schreibe eine E-Mail zu deinem Thema von Aufgabe 2. Erfinde eine E-Mail-Adresse für den Empfänger.

An:

Betreff:

Eine E-Mail kommt viel schneller an als eine Postkarte.

**4** Sprich mit einem Partnerkind. Wann schreibst du eine E-Mail und wann eine Postkarte oder einen Brief?

_____
Unterschrift Partnerkind

46

Einen Schreibanlass für eine E-Mail auswählen
Eine E-Mail schreiben
Über den Gebrauch von E-Mails, Postkarten und Briefen sprechen

KV 105
Fö 137/Fo 60

**1** Suche dir ein Partnerkind
für die Aufgaben 2 – 5.

_____
Unterschrift Partnerkind

**2** Was fällt euch an der E-Mail auf?

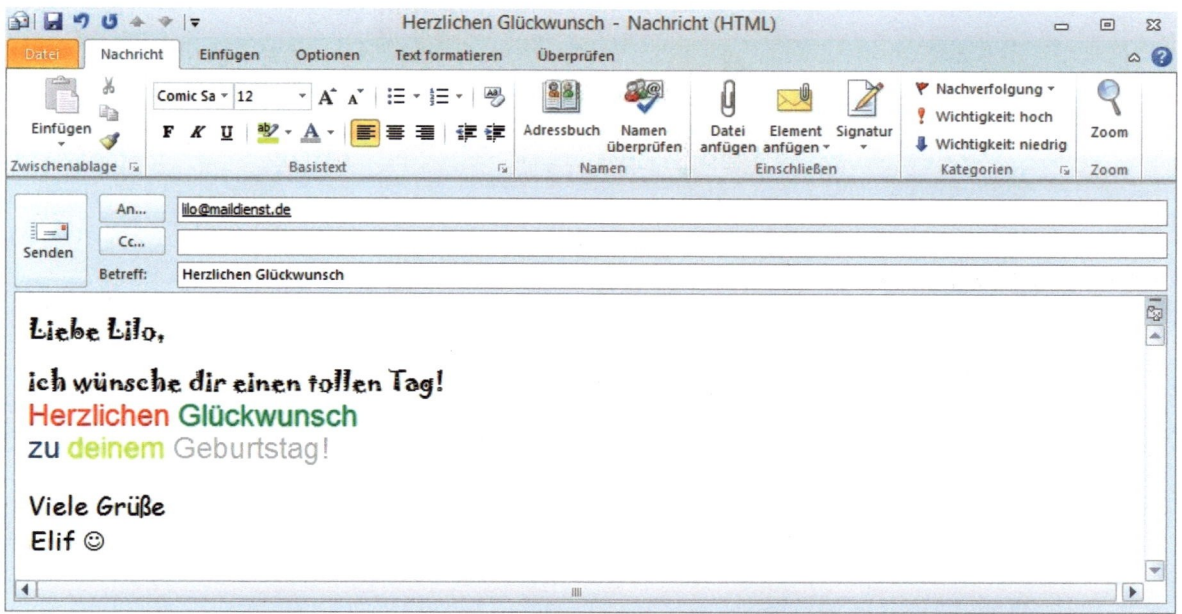

**3** Was gehört zusammen? Verbindet.

| | | | |
|---|---|---|---|
| **fett** schreiben | *Schriftart* verändern | Schriftgröße verändern | Schriftfarbe verändern |

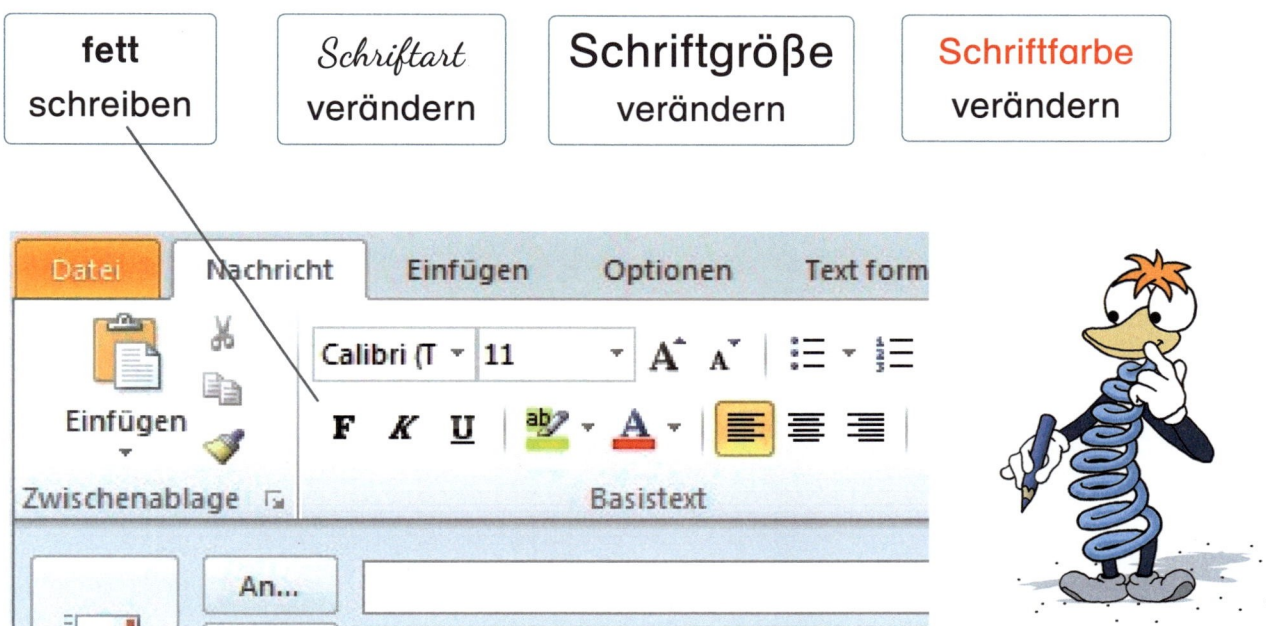

**4** Wie hat Elif ihre E-Mail gestaltet? Erklärt es euch abwechselnd.

*Elif hat drei verschiedene Schriftarten benutzt.*
*Sie hat ...*

# Einladungen schreiben

**1** Sprich mit einem Partnerkind.
Welche Informationen fehlen Flora?
Warum sind sie wichtig?

_____
Unterschrift Partnerkind

**2** Verbinde.

| | |
|---|---|
| **Anrede** mit Komma | Du kannst dich gern verkleiden. |
| **Wozu** wird eingeladen? | Viele Grüße Flex |
| **Wann** findet die Feier statt? | Liebe Flora, |
| **Wo** findet die Feier statt? | Wir treffen uns bei mir zu Hause im **Krähenweg 10**. |
| **Was** ist noch wichtig? | Ich feiere am **17. Mai** von **15.00 Uhr** bis **19.00 Uhr**. |
| **Grüße** und **Unterschrift** | ich lade dich zu meinem **Rittergeburtstag** ein. |

Fehlende Angaben in einer Einladung erkennen
Teile einer Einladung Beispielen zuordnen

 **3** Schreibe die Einladung für Flora mit den Angaben aus Aufgabe 2.

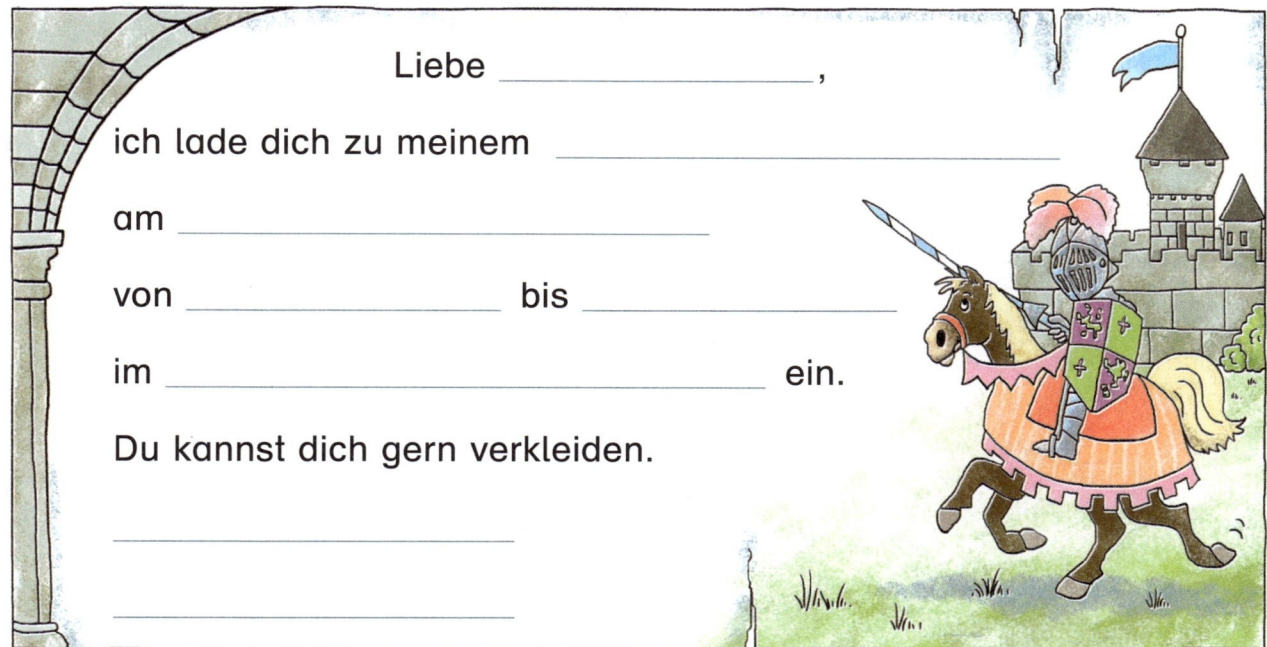

Liebe _____ ,

ich lade dich zu meinem _____

am _____

von _____ bis _____

im _____ ein.

Du kannst dich gern verkleiden.

_____

_____

---

In eine Einladung schreibst du den **Anlass** (**Wozu?**),
das **Datum** und die **Uhrzeit** (**Wann?**),
den **Ort** (**Wo?** / **Wohin?**)
und **was** sonst noch **wichtig ist** (**Was?**).
Du beginnst die Einladung mit der **Anrede** mit Komma (Liebe …, / Lieber …,).
Du beendest sie mit **Grüßen** und deiner **Unterschrift**.

---

**4** Unterstreiche die Teile der Einladung in den passenden Farben.

Liebe Laura,
ich lade dich herzlich
zu meinem Geburtstag ein.
Am 14. März feiere ich
von 15.00 Uhr bis 19.00 Uhr bei mir
zu Hause in der Katzengasse 3.
Bitte bring Gummistiefel mit!
Viele Grüße
Max

**Anrede** mit Komma

**Anlass** (**Wozu?**)

**Datum** und **Uhrzeit** (**Wann?**)

**Ort** (**Wo?** / **Wohin?**)

**Was ist noch wichtig?**

**Grüße** und **Unterschrift**

**1** Wozu möchtest du jemanden einladen? Kreuze an.
Du kannst dir auch selbst einen Anlass ausdenken.

☐ Kostümfest          ☐ Grillparty          ☐ Geburtstag

☐ _____

**2** Plane deine Einladung.

**Anrede** _____

**Datum** _____

**Uhrzeit** von _____ Uhr bis _____ Uhr

**Ort** _____

**Was ist noch wichtig?** _____

**3** Schreibe deine Einladung.

> Denke an die Grüße und die Unterschrift.

# Eine Einladung überarbeiten

 **1** Lies die Einladung.

Liebe Familie Marx,

wir laden euch herzlich zu unserer Party ein.

Am 25. August feiern wir von 17.00 Uhr bis 23.00 Uhr.

Bitte bringt eine Schüssel Nudelsalat mit.

Herzliche Grüße
Familie Becker

 **2** Überprüfe die Einladung von Aufgabe 1 mit dieser Liste. Kreuze an.
Unterstreiche die Teile der Einladung in den passenden Farben.

|  | ja | nein |
|---|---|---|
| **Anrede** mit Komma<br>Ich erfahre, wer eingeladen ist. |  |  |
| **Anlass** (**Wozu**?)<br>Ich erfahre, wozu eingeladen wird. |  |  |
| **Datum** und **Uhrzeit** (**Wann**?)<br>Ich erfahre, wann die Feier stattfindet. |  |  |
| **Ort** (**Wo?**/**Wohin?**)<br>Ich erfahre, wo die Feier stattfindet. |  |  |
| **Was ist noch wichtig?**<br>Ich erfahre, was für die Feier noch wichtig ist. |  |  |
| **Grüße** und **Unterschrift**<br>Ich erfahre, von wem die Einladung kommt. |  |  |

**3** Eine Information fehlt in der Einladung.
Schreibe einen passenden Satz.

# Geschichten weiterschreiben

*Eines Morgens klingelt es.*
*Ich öffne die Tür. Da*

 **1** Sprich mit einem Partnerkind.
Was könnte Flex erleben?

_____
Unterschrift Partnerkind

**2** Ergänze den Gedankenschwarm.

*lustig*

*Unfall*

*dunkel*

*klettern*

Was könnte
Flex erleben?

*großer Schreck*

*Baumhaus*

**3** Welche Ideen sollen in deiner Geschichte vorkommen? Markiere.

Zu einem Bildimpuls und einem Geschichtenanfang Ideen sammeln
Ideen in einem Gedankenschwarm notieren
Ideen für eine Geschichte auswählen

 **4** Schreibe nun die Geschichte mit deinen Ideen weiter.

*Eines Morgens klingelt es. Ich öffne die Tür. Da*

 **5** Lies deine Geschichte mehrmals.
Schreibe eine Überschrift.

 **6** Überarbeite deine Geschichte.

 Passen alle Sätze zum Thema?

 Passt die Überschrift?

 Stimmt die Reihenfolge?

**7** Lies deine Geschichte einem Partnerkind vor.
Welche Stelle hat ihm besonders gefallen?
Kennzeichne sie mit einem Smiley ☺.

_____
Unterschrift Partnerkind

**8** Wähle für deine Geschichte eine Form der Veröffentlichung von Seite 62.

Eine Geschichte weiterschreiben
Eine Geschichte überarbeiten
Eine Geschichte vorlesen und Feedback einholen

KV 108
Fö 141/Fo 62, 63
HR

71    **53**

Datum: _____

 **1** Lies die Textanfänge und schau dir die Bilder an.

Der Roboter hat schon
viele Aufgaben erfüllt.
Einmal soll er den Mops
ausführen. Doch kaum haben sie
das eiserne Tor zum Stadtpark
durchschritten …

Die Hexe Siebenrot hat
sieben rote Punkte auf ihrer Nase
und ist 777 Jahre alt. Sie trägt
einen Hut mit vier Augen,
eines für jede Himmelsrichtung.
Um ihren Hals hängt
ein geheimnisvoller Schlüssel …

**2** Welche Geschichte möchtest du weiterschreiben? Kreuze an.

**3** Sammle Ideen für deine Geschichte in einem Gedankenschwarm.

Was passiert?

Ein Bild und einen Textanfang auswählen
und als Inspiration für eine Geschichte nutzen
Ideen in einem Gedankenschwarm notieren

 **4** Schreibe deine Geschichte weiter.

> Den Anfang der Geschichte musst du nicht abschreiben.

 **5** Lies deine Geschichte mehrmals.
Schreibe eine Überschrift.

 **6** Überarbeite deine Geschichte.

Passen alle Sätze zum Thema?

Passt die Überschrift?

Stimmt die Reihenfolge?

 **7** Lies deine Geschichte einem Partnerkind vor.
Welche Stelle hat ihm besonders gefallen?
Kennzeichne sie mit einem Smiley ☺.

_____
Unterschrift Partnerkind

Eine Geschichte weiterschreiben
Eine Geschichte überarbeiten
Eine Geschichte vorlesen und Feedback einholen

KV 108
Fö 141, 142/Fo 62, 63
HR

71  **55**

# Anfang und Ende wählen ...

 **1** So können Geschichten beginnen oder enden.
Lies die Vorschläge.

Einmal habe ich etwas Seltsames auf dem Spielplatz gefunden. ...

Am Ende sind wir erschöpft und glücklich zu Hause angekommen.

Es ist Abend. Ich stehe auf den Mauern unserer Burg. Da sehe ich ...

So habe ich einen Freund gefunden.

Seit vielen Tagen sind wir mit unserem Schiff auf dem Meer. Auf einmal ...

Endlich sind wir in Sicherheit.

Meine Freunde und ich sitzen im Baumhaus. Plötzlich bewegt sich der Baum. ...

Nun war ich wieder allein. Schade!

**2** Markiere in Aufgabe 1 einen Anfang und ein Ende für deine Geschichte.

**3** Sammle Ideen für deine Geschichte in einem Gedankenschwarm.

Was passiert?

Einen Anfang und ein Ende für eine Geschichte auswählen
Ideen in einem Gedankenschwarm notieren

# ... und dazu eine Geschichte schreiben

Datum:_____

**4** Schreibe deine Geschichte mit dem Anfang und dem Ende von Seite 56.

**5** Lies deine Geschichte mehrmals.
Schreibe eine Überschrift.

**6** Überarbeite deine Geschichte.

Passen alle Sätze zum Thema?

Passt die Überschrift?

Stimmt die Reihenfolge?

**7** Lies deine Geschichte einem Partnerkind vor.
Welche Stelle hat ihm besonders gefallen?
Kennzeichne sie mit einem Smiley ☺.

_____
Unterschrift Partnerkind

# Zu Bildern schreiben

Datum: _____

Was sieht der Hund da?

**1** Sprich mit einem Partnerkind.
Was sieht der Hund in seiner Hundehütte?

_____
Unterschrift Partnerkind

**2** Sammle Ideen für eine Geschichte im Gedankenschwarm.

*Lärm*

*ängstlich*

*zittern*

**Was passiert?**

*große Überraschung*

**3** Welche Ideen aus dem Gedankenschwarm möchtest du
für deine Geschichte nutzen? Markiere.

**4** Wie soll der Hund in deiner Geschichte heißen? Schreibe.

Ideen für eine Geschichte mithilfe eines Bildes finden
Ideen in einem Gedankenschwarm notieren
Namen für die Figuren in der Geschichte finden

 **5** Schreibe deine Geschichte. Du kannst so beginnen:

*An einem schönen Sommerabend ...*

 **6** Lies deine Geschichte mehrmals. Schreibe eine Überschrift.

 **7** Überarbeite deine Geschichte.

Sind die Satzanfänge unterschiedlich?

Sind die Satzanfänge großgeschrieben?

Endet jeder Satz mit einem Satzzeichen?

 **8** Lies deine Geschichte einem Partnerkind vor.
Welche Stelle hat ihm besonders gefallen?
Kennzeichne sie mit einem Smiley ☺.

_____
Unterschrift Partnerkind

**9** Wähle für deine Geschichte eine Form der Veröffentlichung von Seite 62.

Eine Geschichte schreiben
Eine Geschichte überarbeiten
Eine Geschichte vorlesen und Feedback einholen

KV 110, 111
Fö 143/Fo 64
HR

72  **59**

 **1** Sprich mit einem Partnerkind.
Was könnte passieren?

_____

✏ **2** Sammle Ideen für deine Geschichte in einem Gedankenschwarm.

( **Was passiert?** )

Ideen zu einer Geschichte mithilfe eines Bildes finden
Ideen in einem Gedankenschwarm notieren

# ... schreiben und überarbeiten

Datum: _____

**3** Schreibe deine Geschichte. Du kannst so beginnen:

*Eines Tages ...*

**4** Lies deine Geschichte mehrmals. Schreibe eine Überschrift.

**5** Überarbeite deine Geschichte.

Passen alle Sätze zum Thema?

Passt die Überschrift?

Stimmt die Reihenfolge?

**6** Lies deine Geschichte einem Partnerkind vor. Welche Stelle hat ihm besonders gefallen? Kennzeichne sie mit einem Smiley ☺.

_____
Unterschrift Partnerkind

**7** Wähle für deine Geschichte eine Form der Veröffentlichung von Seite 62.

# Einen Text veröffentlichen

Willst du eine Geschichte oder ein Gedicht verschenken oder ausstellen?
Schreibe den Text vorher mit der Hand oder am Computer ab.

**1** Welche Tipps möchtest du verwenden? Kreuze an.
Schreibe danach deine Geschichte oder dein Gedicht ab.

Tipps:

☐ Ich verwende für die Überschrift eine besondere Farbe.

☐ Ich benutze für einige Wörter besondere Buchstaben.

☐ Ich male passende Bilder dazu.

☐ Ich gestalte einen passenden Rahmen.

*A*

**2** Welche Idee zur Veröffentlichung gefällt dir
für deine Geschichte oder dein Gedicht am besten?
Schreibe den Buchstaben: _____

**A** Ich habe meine Geschichte
in eine schöne Schachtel gepackt
und verschenke sie.

**B** Ich habe ein Bilderbuch
aus meiner Geschichte gemacht.
Das bekommt
mein kleiner Bruder.

**C** Ich habe mein Gedicht in
eine Klappkarte geschrieben und
ein Bild dazu gemalt. Die Karte schenke
ich meiner Oma zum Geburtstag.

**D** Ich habe meine Geschichte
als Audio-Datei aufgenommen.

**3** Wähle einen weiteren Text zur Veröffentlichung.

**62**

Ideen zur Veröffentlichung kennenlernen und auswählen
Eine Geschichte für die Veröffentlichung gestalten
Eine Geschichte als Audio-Datei veröffentlichen          HR

# Das kann ich jetzt

Ich kann Gedichte schreiben
und gestalten:

Hier kannst du deine
Texte hineinschreiben.

Ich kann Texte schreiben, die andere informieren:

# Das kann ich jetzt

Ich kann Ideen für Geschichten finden:

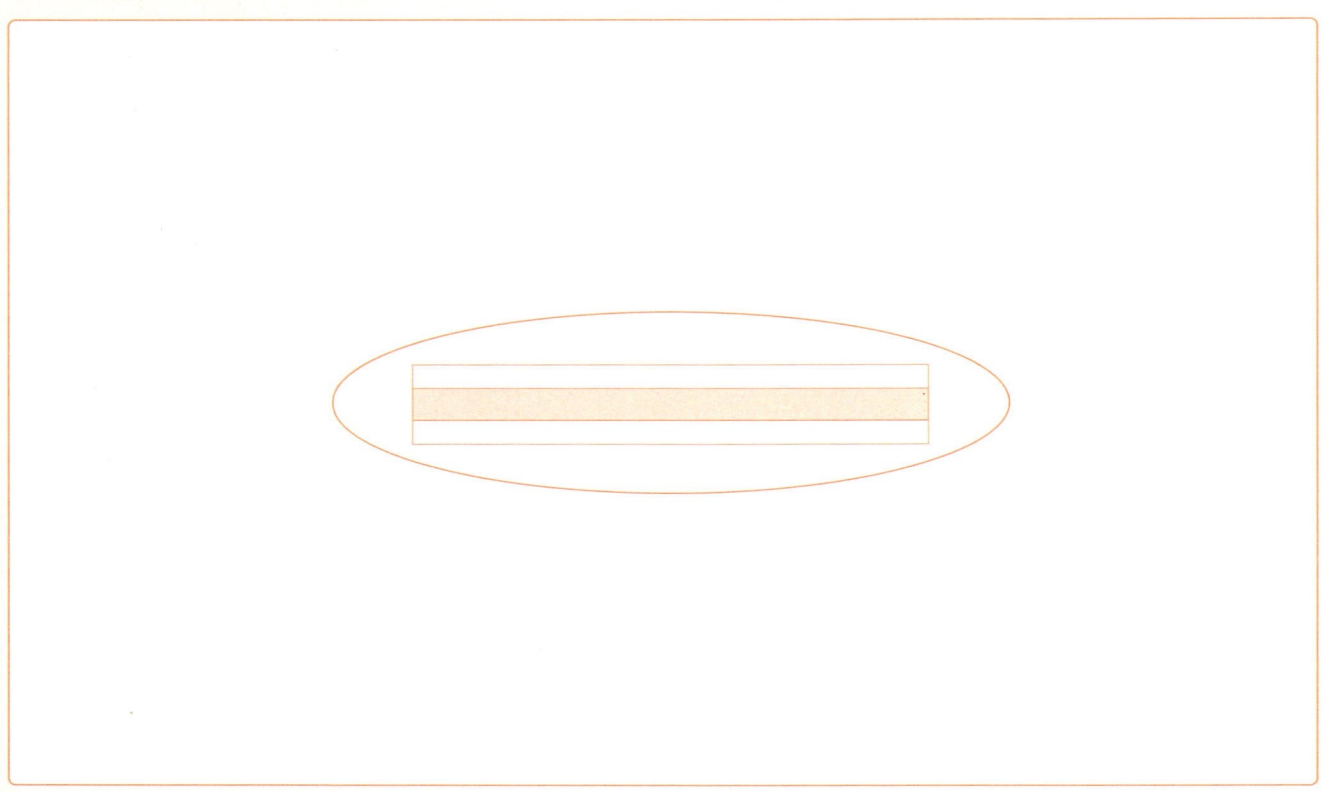

Ich schreibe gern über diese Themen: